JN440362

바닥에서 비상하라

2013 & 바닥에서 비상하라

인　쇄: 초판인쇄 2013년 01월 30일
인　쇄: 초판발행 2013년 01월 31일
지은이: 곽병수
펴낸이: 윤기영
편　집: 정설연
펴낸곳: 도서출판 노트북
등　록: 제 305-2012-000048호
본　사: 서울시 동대문구 장안동 314-3번지 나동 101호
전　화: 070-8887-8233 팩시밀리 : 02-844-5756
이메일: hdpoem55@hanmail.net

정 가 : 10.000원정
ISBN : 978-89-92687-36-2-03810

바닥에서 비상하라

수암

곽병수

도서출판 노트북

세 번째 시집을 내면서

1, 2집 속의 아쉬움을 모아 더 가치 있고 향상된 시를 쓰기위하여 핵심을 포장하지 않고 순수하게 진실 그대로 표현해 보려고 했습니다.

1집 [마음의 무덤]에 묻혀 40여년의 속앓이 잉태과정을 거쳐 태어났고
2집 [깨어나라 그대여]라는 기분으로 독자와 함께 항시 깨어있기를 바랬으며
3집 [바닥에서 비상하라]는 마음으로 황새같이 훨훨 날아 하늘 높이 아주 멀리까지 초심을 잃지 않고 비상하는 기분으로 제목을 붙여 보았습니다.

삶에 지친 모든 분과 빈손의 젊은이들에게도 비상하는 각오로 용기와 힘을 얻을 수 있는 위로와 위안 속에 심신을 달래며 어차피 바닥이면 쓴맛을 알고 명확히 배우고 나오도록 사물의 핵심을 무게있게 표현하려고 노력하였습니다.

시속에서 진숙하게 살아가는 세상살이의 참 모습으로 모든 사람에게 희망과 용기를 줄 수 있는 문향을 담아 포근히 감싸고 한층 더 넉넉한 마음으로 서정의 세계를 그리고자 어둔한 머리에 짜릿한 문장들을 한약 짜듯이 짜 보았으나 욕심뿐 잘되지 않아 간절한 욕망만이 욕심쟁이로 채워지네요.

우리 모두가 허무와 외로움의 고독감에서 벗어나 다시 새롭게 태어나고픈 애달픔의 몸부림인지도 모르겠습니다.

이번 시집을 내면서 바람은 베스트셀러가 되게 해달라가 아니라 따뜻한 감성으로 가슴에 와 닿는 시를 쓰게 해주고 독자들께서 이 책을 덮을 때 마음의 위안이 되었으면 하는 기대와 삶의 지침서 같은 심정을 느끼게 해달라고 간절히 염원해 봅니다.

2013년 1월에　수암 곽병수

목차 poem

1부. 바닥에서 비상하라

2부. 내 속에 잃어버린 나

목차 poem

3부. 마음의 명상

4부. 쓸쓸한 독백

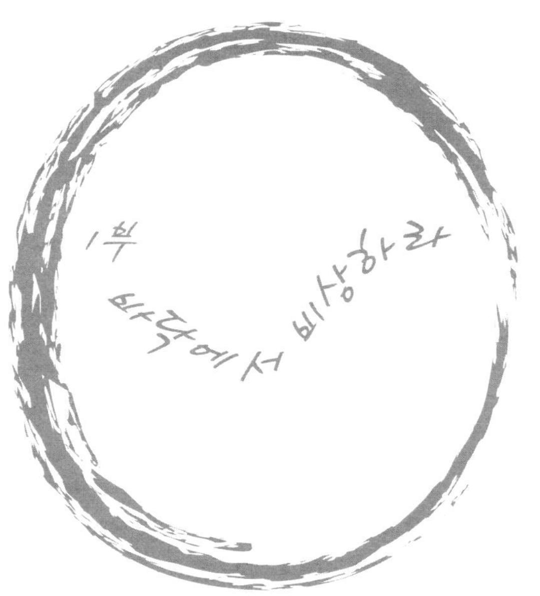

1부 바닥에서 비상하라

바닥에서 비상하라

젊음이여
바닥을 세게 치고 높이 솟아오르라
힘차게 치지 않으면 오를 수 없나니
높이 뛰려는 개구리가 많이 움츠리듯
정상에 오르려면 세게 쳐야 한다

빈손의 청춘이여
산을 정복하는 완전한 방법은
바닥에서부터 오르는 수밖에 없듯
정상에 오르려면 바닥을 세게 치는 것

바닥을 두려워 말라
가장 낮은 곳, 외면 무시당하고
고생스럽고 인정 못 받고
고독하고 아픈 곳이다

어차피 바닥이니 쓴맛을 알고
명확하게 배우고 나와라
바닥을 모르면 오르지 못하니
오르고 싶은 만큼 세게 치고
젊음이여 훨훨 비상하라 하늘 높이.

개미의 눈물

개미의 눈물이
바다보다 더 많을 수도 있고
하찮은 것이 중요 할 수도 있는

세상이 아무리 힘들고
혼란스럽고 어려워도
변하지 않는 그 무언가가 있어

개미처럼 변하지 않고
평생 일만 하고
여왕개미를 위해서는
서슴없이 자신을 버리고 바치는

무거운 현실 속에서
결국 바라는 건 희망

개미들도 인간과 닮은
협동의 세계에서 살지만
인간과 다른 점
스스로의 자기 버림을 안다.

마음의 젊음

마음아 너는 늙지 않고
어찌 늘 젊어만 있느냐
내 몸이 늙을 땐
너도 같이 늙어야 하지 않느냐

너를 따라 가다가는
웃음거리만 되겠구나
마음이라도 젊어야지 하지만
몸이 따라 주지 않는 걸
난 어찌하란 말이냐

차라리 마음은 늙고 몸이 젊으면
영감이란 소리는 들어도
욕은 듣지 않을 걸
비록 몸은 마음대로 되지 않지만
마음은 마음대로 할 수 있으니

몸이야 늙든 말든
마음만은 젊음을 즐길 수 있으니
이 어찌 만물의 영장으로
복 받았다고 아니 하리오.

마음의 행복

내 인생의 행복은
늦깎이에 담아보는
지침서 같은 시와

나를 주워 했던
모든 사람
고맙고, 감사하고

나의 마음속에
그대가 있고
그대 옆에 있음을 기억해주오.

방황하는 자여

멈춰봐
방황하는 자여
무엇을 할지 고민하기 전에
삶을 멋있고 건강하게 가꿔봐

아름다움의 원천은 자신감
너 참 아름답고 멋이 있구나
그 아름다움은 스스로 발견하는 것

자신이 누구인지
정확하게 아는 게
아름다운 인격을 유지하는 비결

자기 일에 진지한 고민과
자신감 있고 긍정적인 마음은
현실적인 노력의 결과로 나오고

인간이란
나아지기 위해 신나게 노력할 때
한참은 방황하기 마련인 것이지.

젊음들이여

삶이란 순간순간을 합친 것
구멍 난 마음을 바느질로
한올 한올 엮는 심정으로

한눈으로 현실을 보고
다른 한눈으로는
이상을 꿈꾸는 사람이 되자

행복이란 시련 속에
빛을 찾아가는 것이고
부하면 부 한대로
빈 하면 빈 한대로 인생을 즐기자

생이 있으면 죽음이 있고
죽는다고 지은 죄가
소멸되는 것은 아니고
사랑하는 연인과의
추억이 사라지는 것도 아니라네

하나가 모두이고
모두가 하나이니
아름답고 명민한 청춘들이여
활기찬 인생을 열어 가보라.

젊음의 아픔

젊음이여 아프지
너희들의 고통스럽고 아픔을
나도 알고 우리들도 아프단다
하지만 지금부터 시작이고
아픔과 고통의 나날은 계속 되는 것
이 또한 순간 지나가리라

이 땅의 젊음이면 누구나 겪는 상황
우리도 아파봤다 아주 많이
머리 길다 연행되어 군대 가고
길에서 치마 들쳐 잣대로제고
간첩 출현 했다고
군복무 하루아침 육 개월 연장되고
매 없는 날은 잠도 설쳐 배도 고팠다

젊음이여 세상은 바뀐다
권력도 경제도 결국은 젊음의 것
지금은 그 차례를 기다릴 뿐
때가 와도 준비 없는 수확은 타인의 몫
어떤 세상이 와도 평등한 삶은 없어
인간의 특질이 그러니 대비하라

행복이란 눈에 보이진 않지만
받을 준비한 사람에게만 가는 것
젊은 세대들아
곧 기성세대 되리니
기다리고 차분히 준비함은 어떨까
스스로 만드는 것
이것이 곧 인생이란다.

방황하는 젊음이여

방황하는 젊음이여
실망하고 좌절하지 말라
슬퍼하고 괴로워하기에는
너무나 아깝고 소중한 시간인 걸

아무것도 아닌 바람 한 점
물 한 방울 없는 곳은 없나니
일상의 사소한 것들을 붙잡고
즐겁고 행복한 마음을 찾아봐

힘들어도 희망을 잃지 말고
당신의 즐거운 인생을 만들려면
스스로 내면에 잠들어 있는
좋아하는 일을 찾아 일단 저질러봐

땅을 파보고 망치질도 해보고
잘할 수 있는 것을 찾아 무조건
모르더라도 계속 시도해보면
희망이 말을 걸어 올 꺼야

스스로 환희를 느끼면서
오늘을 멋지게 살다 보면
반드시 멋진 당신의 날이 오리니.

작은 감동의 행복

내 마음이 왜 이럴까
지금 이 순간의 작은 감동이
가장 큰 행복인데
그 가치를 잊곤 합니다

인생이란 퍼즐 조각 같은 것
그것이 모여 한 폭의 그림이 되니
쓸데없는 고독과 번뇌
눈물은 버리고 웃음만으로

밝고 긍정적인 생각으로
행복을 느끼는 사람일수록
집중이 높아져 만족을 채워
마음에 더 행복을 느낀답니다

냉정한 생활 속에서도
즐거운 미소를 채워주는 당신
오늘도 유머와 감동을 건네주는
내일도 당신 덕분에 늘 행복합니다.

청춘들이여

청춘들이여
즐겁고 행복한 시절
다시는 돌아오지 않을 젊음
그 추억을 사랑하지 않을 수 있으랴

피어나는 백옥 같은 모습이 부럽고
화려함이 끌리고 깔끔함에 반했네
젊은 시절 추억은 영혼에
청신의 기운을 불러일으킨다

각박한 세상의 고독한 청춘
상처받은 추억을 연민으로 달래며
마음 둘 곳 없다고 느끼는 젊음이여
당신의 피가 끓지 않는다면
그건 젊음의 피가 아니지

청춘들이여
세상에 가장 먼 거리는
머리에서 발끝까지이니
속도 감각은 기계나 하는 것
속도 보담 방향을 보고 살아가라

오직 젊음은 방향 감각을 음미하고
문학적으로 생각하고
더 넓게 자기거발을 하는 것
억제할 수 없는 젊음은 본능의 질주
스스로의 도전 속을 달려만 가라.

자기 영역

됐거든
너나 잘해 나도 바쁘거든
개성 있는 주장은 박력 있다 했거든

각을 세워 자기 영역을 분명히 하면
당신의 존재를 소중하게 여길 것이고
효용가치가 없다고 생각하는
친구는 떠나갈 것이요

이용만 하는 친구는 떠나보내고
그 시간 당신에게 맞는 친구를 사귀어봐
사람은 친숙함에 익숙해져 있으니
금방 괴로움을 해결해줄
좋은 친구를 사귈 것이니까

친구란 사상과 이념이 맞아야
가까워져 즐거운 시간이 될 테이니
어차피 잘못된 일로 따져보기 보담
앞으로 해결할 현명한 방법을 생각해봐

서로를 교육하려 말고 남을 자기처럼
이상이 같은 사람끼리 만나야
편안하고 즐거운 시간이 될 테이니.

자기주장

자기주장이란
말대로 자기의견을 내세우는 것
주장하는 것은 아는 게 많다는 것
능력과 자신감의 열정이요
자기주관이 뚜렷하다는 뜻

자기주관 결여는 자신감 없음이요
누군가의 견해를 그대로 받아드려
개성 없이 사는 것은 아닌지
깊이 생각해볼 대목이다

인생에 대한 옳은 주장은
무엇이 더 필요하고 중요한가
어떤 것이 더 이롭고 옳은가

이 시대의 지성인이 되어
모든 사람을 끌어안고 나가는
주인공이 되어 보지 않으렵니까.

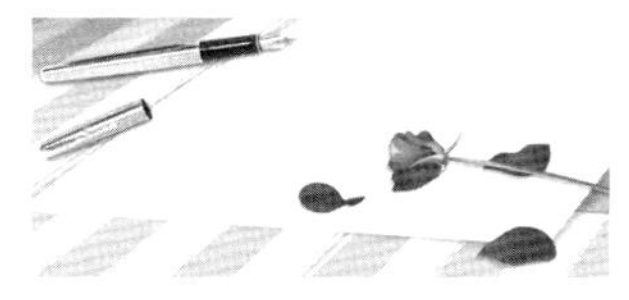

가벼운 행복

당신은 지금
어떤 삶을 꿈꾸는가
어떻게 살아가는가
진짜 자유의 참모습인가

투쟁하듯 달려온 삶
혹독하게 몰아붙인 인생에게
가면을 벗고 너의 모습을 찾아
지친 몸을 달래주고 싶지 않은가

너의 인생 어디서 멈칫하는가
천천히 섬세하고 부드럽게
서두르지 말되 멈추지 말고
항상 깨어는 있으라

인생에 목마르고
삶에 힘겨워하는 이들을 위해
욕심내지 말고 깃털처럼 가볍게
행복을 솜털처럼 서서히 적셔보자

당신 행동이 인생을 좌우하니
급하게 서두르지 말고 여유롭게
천천히 아주 천천히.

나의 잣대기준

인생의 어떤 순간도
쓸데없는 시간은 없고
쓸쓸함. 열등감 당혹함도
나중에 모두 바탕이 되지

지금의 현대인들은
몰입의 열정으로 사는 사람
바람처럼 자유롭게 사는 사람
만족의 잣대 기준이 다양해졌지

마음을 바짝 불태우니
당연히 가슴이 뛸 수밖에
자신도 즐겁고 남도 도움되는 삶
새로운 기준으로 떠오른 거지

한 방울의 물들이 바위를 뚫고
천천히 어떤 일에 몰입하다 보면
밤을 지새워 먼동이 틀 때도 있지
소중한 건 마지막 남는다 했든가

시집을 낼 때마다 염원해 본다
베스트가 되게 해달라가 아니라
감성적인 시를 쓰게 해주고
삶의 지침서같이 느끼게 해달라고.

너를 나같이

지금 우리는
나 위주 사회에서
삭막하게 살고 있다

나 위주 생각에서
너 위주 마음으로

내 주의 현실에서 벗어나
네 주의 사회로 살아간다면

존엄성 있는 훈훈한 바람이
다 같이 끈기 있게 솟아올라
가족 같은 사회가 이뤄질 것이거늘.

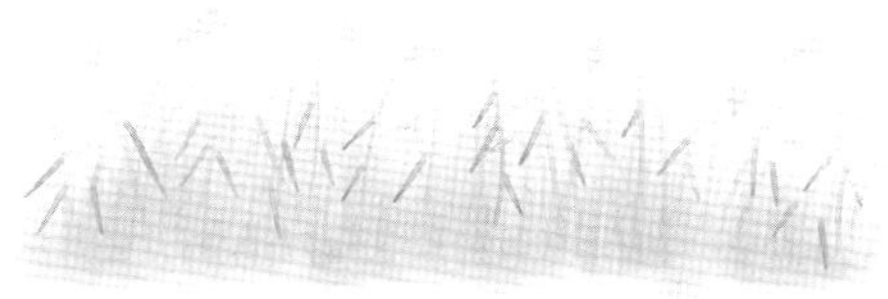

모름의 깨우침

덤빌 테면 덤벼봐
어떤 결과가 나올지 모르지만
인간에게는 무언가 새로운 것
신이 나는 걸 갈망하는 본능이 있지

그 과정 자체를 즐기다 보면
결과는 부산물일 뿐
과정이 더 재미있고 중요한 거지

왜냐고
그 과정의 순간이 더 즐거우니까
내가 진심으로 원하는 것이
무엇인가를 생각하게 되지

그런 욕망 속에 깨달은 것은
자신이 아무것도
아는 게 없는 것을 아는 것뿐이지

그나마 세상은 공평하고
어느 곳이든 바람 없는 곳은 없고
햇볕은 모두에 비춰주고 있나니.

승부

우리의 승부는
지금부터 시작이야
할 수 있어 난 할 수 있어
제 까지게 하는데 내가 왜 못해

외치는 당당함을 가지고
집중력으로 몰두하되
잡념을 버리고 염원하라
끝까지 집중하는 자가 승리하는 것

그 누가 뭐랄 소냐
목표를 높이 정하고 욕심을 가져봐
욕심은 자신을 과대평가할 수 있고
성취하는 자신감의 원동력이니까

너의 꿈 멋있고 매력이 넘치는 건
너 속에 숨은 무한한 가능성 때문이고
어쩜 사막이 매력이 있는 건
어딘가 샘물을 숨기고 있기 때문이지
너의 희망 찾아 최대한 발돋움 해보라.

위대한 거절

우리는 상처받지 않기 위해
타인에게 상처를 주고
자신의 상처를 지우기 위해
남들을 벼랑 끝으로 내모는 자들

죽은 자의 비밀과 생존자의 거짓말
그러나 자신의 상처가
영원히 지워지지는 않는다

자신의 결핍을 받아들이고
지키지 못할 끝없는 약속들과
자신을 조금씩 버리는 것이
용기 있는 사람이 아닐까

내가 바라는 인생이 전부가 아니고
나의 구원만큼 타인의 구원도
중요함을 깨닫는 것이 사랑이니

세상은 높이가 아닌 깊이를 알고
위대한 거절을 실천할 수 있을 때
우리는 참인생의 시작이 아닐까.

행복 지수

있는 자와 없는 자
노는 자와 일하는 자
있으니 행복을 주장 하는 자
없으니 무소유를 주장하는 자

어느 날 갑작스러운 변신
마음속 지난 것들을 정리해본다
사람들과 단절도 해보고
인연을 만들 생각도 관심도 없다
우리에게 자유와 행복지수는
무엇인가를 되새겨본다

모든 것을 포기하고
무소유를 주장하는 것
진정한 행복과 자유의
출발점이 될 수 있는지
아니면 똑같은 인간관계의 소유는
행복조건의 환상에 지나지 않는지

소유의 행복론과 무소유의 행복론
우리들의 행복조건과 지수는
어느 쪽이 행복한가를
그들에게 끊임없는 질문을 던져본다.

잃어버린 나

나는 누구인가
어디서 어디로 가는 것일까
아무것 모르는 미지의 허공에서
걷잡을 수 없는 세월 속으로
목적도 없이 흘러만 가는구나

유수 같은 세월 속 희망도 없이
해놓은 것이라곤 아무것 없는
그저 고개만 숙여 진다
지금 잊어버린 나를 찾아
낭만 속 점하나 찍어야겠다

이 세상 영원한 건
아무것도 없다지만
저 넓은 무한한 공간 속에서
앞사람들이 이룬 기록을 밟고
그 점 위에 일어서는 게 인간이라지

몇 년 전 했다면 후회하는 마음보다
시작하는 지금이 가장 빠른 날
이제라도 잊어버린 나를 찾아
오늘이 남은 삶 시작의 첫날이니
지워지지 않는 점하나 찍어봄 어떨까.

고통속의 탄생

봤지
아픔의 고통 속에서도
일어서는 젊은 그들의 반란을
멈추지도 쓰러지지도 않고
달려가는 그들의 모습을

고민이 없다면 사람이 아니잖아
생각하고 고민하니 사람이잖니
과거는 되돌릴 수 없는 것
먼 미래 그때 할 것을 또 후회하지 말고
늦다고 생각할 때가 가장 빠른 거야

따분한 건 세상이 아니고
게으른 우리 마음이 따분할 뿐
짓눌린 가슴 풀고 세상 바꿔
미래의 꿈을 영원히 간직해봐

세상에 쓸모없는 꿈은 없으며
감성과 지혜로운 사람이면
설사 못 이룬 꿈도 버리지 말고
행복한 그 순간을 간직하며 영원히.

내 마음의 결정

네가 하면
나도 한다

네가 하는데
내가 왜 못해

내가 하니
너도 해봐

마음의 결정은
인간을 떠받치는 힘.

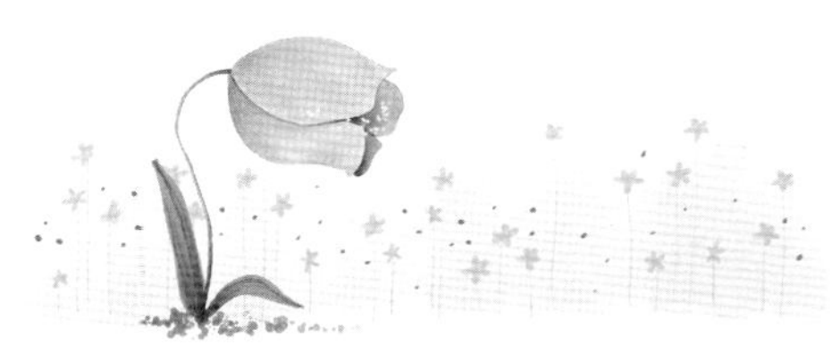

의미와 무의미

다람쥐는 도토리를 나중에 먹으려
땅속에 감춰두고 잊어버린단다
먹지 못할 것을 땅속에 감추려
고생한다 생각할 수도 있다

땅속에 감추고 잊어버린
도토리가 싹을 틔우고 세월 지나
먼 훗날 커다란 나무 되어
다람쥐 새끼들이 먹고살 수 있는
열매가 열리니 의미 있는 일이지

어쩜, 다람쥐는 잊어버린 것이 아니고
일부러 의미 있게 내일을 위해
그냥 묻어 두었는지도 모른다

의미가 무의미로 끝날 수 있고
무의미한 일도 의미 있는 일이 되니
의미와 무의미는 당장 결정하기 어렵다

시간이 흐르면 결정되는 것
무의미한 일이라도 진실로 한다면
의미 있는 일이 될 수 있다고 생각해 본다.

사랑의 열쇠

우리의 제일 바깥은
우리가 보여주는 성격이지만
제일 깊숙한 곳에는
사랑하는 사람에게만 보여주는
사랑의 인격이 숨어 있다

당신은 어떤가
매 순간 연인과 함께 있고 싶은가
아니면 서로가 자유로워지고 싶은가
사랑하지만 같이 있을 때 힘들고
혼자 있고 싶을 때가 있는가

이런 차이로 연인과 갈등이 생겨
큰소리 오가는 가정에 자랐다면
소리부터 지르겠지만
조용하고 침착한 가정에 자랐다면
잠시 생각에 잠길 것이니
사소하지만 중요한 차이 때문에
사랑이 힘들고 아파하는 사람들

처음부터 잘 통하는 사람이 있는가
사사건건 충돌하고 갈등하지만
서로가 조금만 양보와 배려로
예전의 벅찬 느낌을 생각하며

사랑하는 사람에게 보여주는
진정한 사랑이 무언가 생각하면
그 속의 신기한 행복과 충만감을
영원히 맛볼 수 있을 것이야

사랑 무조건 많이 사랑하라
지금껏 못 풀던 사랑의 고민이
자연스럽게 풀릴 것이고
설명할 수 없는 오해와 질문을
해결해주는 명답이 될 것이야.

0과1

1이란 숫자 뒤에
0이 10개 붙으면 백억이 되고
1이란 숫자는 자신이고
백억의 주인이 된다

1이란 숫자가 없어진다면
0이 10개 있어도 0이고
아무리 많고 적어도 0일뿐이다

만약에 자신이 없어진다면
백억 재산도 천억 재물도
아무 소용없이 사라질 뿐이다

무無에서 유有를 창조하려는 자들이여
그대는 아무것 없는 0의 위력을 아는가
숫자 뒤에 붙으면 10배의 힘을
2, 3개가 붙으면 백배 천배의 힘이

아무것도 없음에 용기가 생기고
없는 무無에서 무서운 힘이 숨어 있음을

사람들이여
자신이 살아 있음에 모든 것이 있나니
건강관리 잘하여 오랜 행복 누리옵소서.

말

말이란 형체도 없는 것
입 밖으로 나오기 전에는
당신이 선택할 수 있지만
입 밖으로 나오게 되면
당신을 지배하게 되지

칼보다 더 깊은 상처를 남기는
위험한 무기이며
나쁜 흉기로 변할 수도 있고
좋은 친구도 될 수 있지

우리 다 같이 말조심하여
말의 독을 없애고 잘 다스려
서로 돕는 세상 만들어
아름답고 즐겁게 살아 보세나.

휴대폰 끊어보기

휴대폰 놓고 몸만 챙겨 떠난다
고요함 속 전자파 소음을 끊어보면
자신과 자연을 제대로 만날 수 있다

자연 속 침묵의 거울 앞에
자아의 민얼굴을 바라보는 시간도
자연의 침묵 그대로이고
더 자유로워 행복해지는 순간이다

이토록 몸과 마음이 좋은 시간을
자주 가졌으면 좋겠다
어쩜, 인간은 보이지 않은 사슬에 묶여
고통스럽게 허덕이며
지배받고 살아가는 건 아닐까

언제쯤이면 이런 고통 속에서
다시 벗어나 살아갈 수 있을지
깊은 고민 속에 빠져 보지만
갈수록 보이지 않는 문명의 숲
베일의 긴장 속에 더 쪼일 것만 같다.

2부

내 속에 잃어버린 나

내 속에 잃어버린 나

우리는 왜 고독해야 하는가
텅 빈 가슴속에 발버둥치며
왜 고독을 두려워하는가

삶과 죽음을 둘러싼 번뇌 속 고통
냉혹하리만치 쌀쌀한 인간관계
세월의 쓸쓸함에 환멸을 느끼는가

혼자인 순간 나를 깨워 만나
서서히 고독을 즐기며
자신과 진지한 대화로 불태워봐

고독을 벗 삼아 가까이하면
나를 괴롭히고 아프게 하는
모든 것들에 탈출할 수 있나니

내 속에 잃어버린 또 다른 내가 있고
진리가 있음을 깨닫게 되지
고독을 되씹으며 받아들인 자가
인내 있는 강한 사람 이느니라.

기다림의 소중함

낙엽이 떨어지고 눈이 온 뒤에야
소나무의 푸르름을 알 수 있듯이
사람도 힘겨운 시절을 만나서야
진정한 친구를 알 수 있다지

집에서 기다리는 가족도
멀리서 걸어오는 친구도
조용한 기다림 끝에 찾아온 것들은
더욱 소중하고 마음을 설레게 하네

한 해가 다 갈 무렵
걱정을 덮어두듯 한껏 내리는 눈도
기나긴 겨울 꾹 참았다가
마침내 피어오른 꽃봉오리

눈 오는 날에 마음을 함께 나눌
친구가 있어 더욱더 행복하고
추운 겨울도 마냥 푸근하여
훈훈한 봄보다 더 따뜻하기만 하여라.

성性과 성聖

인체 내부에 잠복해있는
에너지를 다스리지 못하면
머리로 올라가지 않고
생식기를 통해 성적으로 배출되어
선악과를 따먹는 상태가 되나니

선악과는 모든 분별의 상징
분별이 생기게 되면
인간은 자기와의 싸움과
번뇌의 고통에서 벗어날 수 없는 것

성性으로 가면
인간이 지닌 판단력이 약해지고
너와나 물질과 정신
유와무 안과 밖을 구별하는
마음이 흐려진다

성性에서 성聖으로 가기가
참 어렵다고들 하지만
갈등의 번뇌에서 깨달음을 얻어
서서히 성聖으로 성으로만 가시길.

세대의 갈등

갈등은 서로 복잡하게 얽혀
화합하지 못함을 비유하는 말
개인의 마음에서도 멀어 지지만
사회를 속속들이 갈라놓는다

종교 갈등은 분쟁 유혈로 치닫고
이념과 빈부 갈등이야
민주 속 끊임없이 조율할 문제
남녀 갈등은 번식을 위해
한 몸 되어야 하니 해소되는 것

우리가 겪고 있는 사회갈등은
참으로 많고도 다양하네
세대갈등은 충돌 피하기 어렵고
영원히 평행선을 그릴 수도 있는
가슴 쓰라린 아픔의 부분이다

세대의 묘미는 신세대가 기성세대를
증폭된 갈등으로 저항하지만
이내 곧 자신들도 기성세대 되어
비판과 저항의 대상이 되기 마련
젊음에서 낡음으로 늙음을
젊음이 보듬어 줘야 하지 않을까.

대화 없는 갈등

대화 없는 갈등 속에 빠져
가장 소중한 걸 잃은 사람들
한순간 감정이 양보 없이 무너져
일상은 평온한 듯 보이지만
보이지 않는 긴장감이 스며들어
바람 든 풍선처럼 팽팽하기만 하네

너만 괴롭냐 나도 힘들다
서로가 소리 지르는 싸움은
연민의 묵직한 떨림으로 전달되어
동정의 얄팍한 감정보다
상실에 뒤따르는 깊은 슬픔으로
가슴을 짓누르는 통증과 같은 것

감정의 몰입이 큰 몫을 하고
감성적으로 포장도 못 하여
깊이를 가늠하기 힘든 상실감
이들의 상처는 꿈을 포기하고
조용히 한 겹씩 쌓여만 간다

평생 가슴에 품고 가야 할 것인가
가장 소중한 것을 잃은 당신
과거의 잘못을 되씹지 말고
이편에서 괴롭게 살아간 사람도
저편에서는 즐겁게 살 수 있음을
가슴 깊이 명심하길 바라오.

진실속의 나

홀로의 시간과 침묵을 많이 갖자
입은 다물고 귀는 크게 열어봐
말은 금방 배우지만
경청은 평생 해도 모자란단다

자기만의 마음에 거울을 닦고
그 속에 비친 자신의 모습을 보고
감사하며 베풀고 나누는
마음가짐을 늘 가져보자

머릿속에 좋은 명상을 키워
쓸데없는 생각을 몰아내고
밖으로 나가기 쉬운 마음을 지켜
진실 된 나를 키워보지 않으련.

특별한 인생

우리는 과연 행복한가
내 생각과 인생 판단도
모두의 공감은 어려운 것
역사기록은 현실에 불가능한 일을
성취한 사람들의 이야기

지금까지 일반적 삶을 살았다면
이제는 특별한 삶을 생각해보고
모두에 통영 되는 삶의 방식보단
나의 꿈꾸던 독특한 삶을 찾고
특별한 나의 인생을 구상해보라

남은 인생의 목표를
나보다 더 고민하는 사람은 없다
자신의 인생을
일반 레일 위에 올리지 말고
내 꿈이니 원하는 만큼 이뤄보자

누구나 사는 방식대로가 아니라
내가 생각한 삶을 독특히 사는 것
다른 사람들은 어떻게 평가하던
나를 위한 도전이니 실패란 없다
왜냐고 내 인생은 모두 특별하니까.

하고픔의 즐거움

사람들이여
이유 없는 아픔은 없다
지금 오르막을 오르니까
숨차고 종아리가 땅기는 거지

오르는 만치 힘들지만
뒤돌아보면 시야가 넓어지고
높은 만큼 내리막으로 보이는 거야

비가와도 산에 가는 사람은
진심으로 산을 좋아하고
등산이 즐겁고 재미있기 때문이지

얼마나 하고 싶은가를
속속들이 아는 것이 중요하고
자신이 무언가를 깨달을 때
무한한 용기가 샘솟는 것

오래전부터 하고 싶은 일을
자신이 시행한다는 것
그 자체가 성공이 아닐까.

부정과 긍정

안돼
지금 우리는 부정적 마력에 빠져
부정은 부정만 낳을 뿐 긍정은 없다
우리는 위기에 강한 국민이니
긍정적 마음을 갖고 나가야 한다

현실이 혼란해 보이지만
소통 속 문화의 화합이
성숙된 시민의식으로 바뀌는
분위기 조성과정으로 볼 수 있다

세상은 낙관주의자가 승리하는 것
그들이 항상 옳기 때문이 아니라
긍정적인 마음이었기 때문이고
잘못되었을 때도 긍정적이지

이런 태도는 성공 성취로 연결되고
시야가 열려있는 낙관주의는
그 대가를 꼭 얻는 것이지

우리가 계속 성장하려면
빠른 시일에 자신감을 회복하고
긍정적 마음으로 노력해야 한다.

세상살이

이러면 이런대로
저러면 저런 대로
비가 오면 오는 대로
물결치면 치는 대로

한 조각구름같이
흘러 흘러 왔다가
소리 없는 바람처럼
떠돌다 가는 인생

잘살면 잘 사는 대로
못살면 못사는 대로
인생살이 거기서 거기인데
이러면 어떻고 저러면 어떻소

잠깐 왔다 가는 인생
가는 세월 붙잡지 못하니
아웅다웅하지 말고
되는대로 살아가소

이래도 한평생
저래도 한평생
오손도손 인연대로 살다가
조용히 가라 하네.

스트레스는 전염병

스트레스는 스스로 생기지 않고
일에 대한 우리의 반응이란다
짜증나는 사람 옆에 있으면
그 사람의 스트레스에 옮고
흡수해 자신도 느낀단다

귀에 듣는 끊임없는 불만들
상대 마음을 부정으로 바꿔놓고
감정저하로 우울하게 되지

타인의 부정 방식을 떠안을 뿐
몸짓 언어도 무의식중 따라 하며
상대 말에 눈살 찌푸리고
어깨를 웅크리고 짜증내는
자신을 발견하게 되지

당신은 스트레스를 받고 있다면
훗날에도 중요한 일인가 생각하고
그렇지 않다면 바로 잊어라
당신을 위한 최고의 방법일 테니.

물과 바위

탄탄한 바위야 강하다 자랑 마라
한 방울의 가벼운 물이
무게 없이 떨어져
너를 뚫을 수 있나니

흐르는 골짜기 물이
딱딱하고 모난 곳도 깎아버려
한 줌의 모래로 만드니
강하고 영원한 건 아무것도 없다

바위로써 자존심 상해
한자리에 꿋꿋이 앉아
평생 소리 한번 못 내고
묵묵히 침묵만 지키느냐

강한 너를 뚫어주고 깎아줘
매끈하게 만들어주니
어찌 내가 너보다 강하다고
소리 내어 흐르지 않으리오.

배짱

붉은 과일 따 먹고 싶으나
발꿈치 들어 나무 오르기 귀찮고
물망초 꺾어 님에게 주고 싶은데
떨어질세라 못하겠네

높은 산천에 올라
물과 구름 위에 솟고 싶지만
힘들고 하기 싫어
산 밑에서 멍하니 바라만 보네

모든 것이 귀찮아
꼼짝하기 싫을 때
그 무엇을 얻으려면
잃는 것도 있게 마련
꼭 치러야 하는 최소한의 대가

조금도 까딱 않고
저 좋은 것만 누리는 경우는 없지
고난의 날도 남을 원망하지 않고
넘어져도 돌을 집어 일어서는
시련 속 뛰어드는 배짱이 필요하오.

평범한 인생

인간들이여! 권력과 인기는
어느 날 바람처럼 구름처럼
소리 없이 사라지는 허무한 것
그것을 얻으려 너무 애쓰지 말라

늘 대중들이 지켜보고 있으니
스스로 행동의 규제투성이
제압 속 생활은 창살 없는 감옥

대중의식 속
마음대로 못하고
쇼핑도 제대로 깎지도 못하니
당신은 진정 잃은 것이 무엇인가

사람들이여! 평범하게 살아라
다 같이 평범하게 산다는 것
가장 싶고도 행복한 것이지

마음대로 활동도 할 수 있고
술 취해 비틀대도 누가 뭐랄 소냐
이름 없이 흔적도 남기지 않은 체
소리 없이 충만으로 가는 인생
최고의 행복한 삶이 아니더냐.

튕기는 혈관

참 보기 좋다
피어나는 꿈
지칠 줄 모르는 생동감
활력이 넘치는 너의 인생

현재의 순간에 만족하면
당신의 성장은 멈추게 되니
또 다음 목적지를 향해
꾸준히 달려가려무나

물샐틈없는 계획으로
순간을 놓치지 말고 자신 있게
끊임없이 노력해보렴
난 무엇이든 잘할 수 있으니까.

재앙의 삶

잠깐 뒤의 삶
이젠 누구도 장담할 수 없다
우리 사회는 물질 만능시대
냉장고는 풍요롭게 채워져 있고

압축 성장이 낳은 산물이 아닐까
다시 옛날로 돌아가야 한다
허리띠 졸라매고
가난한 시대의 정신으로

풍요 속에 위험도 증폭하고
현대문명이 보여주는
풍요와 위험의 구조들
유전자를 변형해 보겠다는
재앙의 인공지능 도전자들

현대기술은
어떤 물질이라도 만들겠다는
지칠 줄 모르는 욕망과 합쳐
신의 경지를 넘보고 있다
반성하고 뉘우쳐야 하지 않을까.

울부짖음

삶은 울음으로부터 시작한다
엄마의 산고를 잊게 하는
탄생의 울음을 시작으로
울면 해결되고
우는 만큼 성장 될 테니

인간들이여 울어보라
쓸쓸하고 외로울 때
고독하고 답답할 때
모든 것이 풀리지 않을 때
좌절하고 괴로울 때

울어라 싫컨 울어라
눈물을 뚝뚝 흘리며
소리 내어 울부짖어라
울부짖을 만큼 노력하면
모든 것은 해결될 것이니까.

자연과 삶의 용기

야호
지치고 멍든 사람들이여
각박한 세상 웅크리지 말고
산으로 올라 하늘 높이 날아라

아무도 가보지 않은 숲 속에서
우렁찬 물소리와 떨어지는 낙엽
바스락 소리 위를 걷는 골짜기
그 누구도 못 본 풍경을 누려보라

낙엽 밟는 소리에 취하고
어머니 품 같은 자연을 만끽하며
정말 지루할 틈 없네

앙상한 가지에 매달려
떨어지지 않으려고
안간힘을 쓰면서 파르르 떠는
애처로운 모습 최후의 한 잎

그 끈질김과 악착스러움에
또 다른 치유의 공간을 만들어
새로운 삶의 용기를 불어 넣어준다.

인내속의 기다림

인생의 변화
생각보다 가까이 있으며
지금 하찮게 생각했던
바로 당신 옆 그 속에 있고
존재하는 순간에 있는 것

우리가 다른 사람보다
뒤졌다고 생각되는 것은
서로의 목표가 다르기 때문
나의 결실이 없는 것도
아직 때가 아니기 때문이지

모든 꽃은
꽃을 피우지만
피우는 때가 있는 법
꽃은 언제나 제철에 피듯
철쭉은 봄에 국화는 가을에 피지

사람들이여
조급해하지 말라
당신도 때가 되면 피울 것이고
방법과 가는 길은 수천 가지니
노력과 인내로 기다려 봄 어떨까.

천불과 화병

속 터지고
천불이 나서
화병이 생겼다고

바람처럼 지나가게
그 자리에 돌과 나무처럼
굳건히 미련하게 버티어봐

곧장 뱉지 말고 여유 있게
시 한 수 읊으면 어떨까
수양이란 게 뭐 별건가
입 다물고 참으면 되는 걸
우리는 스스로 슬픔을 만들고 있지

부부싸움 해봤자
고물장사 좋아지고
재판 붙어봤자 변호사만 살찌우지
상대 눈에 피눈물 나게 하지 말고
우리 서로 오손도손 살아 보세나.

정겨움

그리운 그곳
가보지 않는 곳을 여행하라
그곳에는 남다른 정겨움이 있다

그 정겨움 속에 변신하고
또 다른 당신으로 태어나
상대의 가슴속 깊이 파고들어라

이 세상 어느 곳을 가드라도
가보지 않은 곳을 여행하듯
정겨움으로 감동시켜 보라

그리고 보았느냐
가슴속 짜릿함을 느끼며
어쩔 줄 모르는 그들의 모습을

꼭 기억하자 지금 당신이
정으로 감동 시킨다는 것은
서로의 깊은 정겨움을 아는 것이라

깊으면 깊을수록 환희에 차고
많으면 많을수록 깊은 정이 흐르고
희망에 찬 기쁨이 넘치고 넘친다.

참 행복

행복이란
사랑을 받는 것이 아니라
사랑하는 것이란 걸 알면서도
이 깨달음을 받아들이지 못하네

고민하고 번뇌해보지만
그 굴레를 벗어나지 못하여
모순 속에 우리는 오늘을 살고
또 내일을 살아간다네

그대들이여
이기적 변함없는 생활 속에서
지금부터라도 탈피하여
먼 하늘과 내일을 바라보자

이웃을 희망찬 사랑으로 베풀고
행복한 참 인생을 꿈꾸면서
아름답고 슬기롭게 살다 보면
이보다 더 멋있는 인생 어디 있을까.

첫 사랑

첫사랑에 대한 기억은
망각의 질서 위에 올려놓은
속살과도 같은 것

그 시절 내가 좋아하던 소녀
잊어버린 줄 알았는데
부러져도 살아나는 가지처럼
어느 날 갑자기 되살아나
밤잠을 설치게 하는구나

처음부터 계속 잘해볼 걸
끈끈한 사랑이 되어
미련이 남고 후회도 된다
하지만 세월의 묘약은
상처 난 자리에 새살 돋게 한다지

첫사랑 역시 이와 닮은 건 아닐까
누구에게나 있을법한
첫사랑의 이야기를
고요한 밤 나 홀로 더듬어본다.

첫눈과 그리움

첫눈이 내린다
소리 없이 도로 위를
때 묻은 현실을 씻어 주기나 하듯

강가의 오솔길
하염없이 발길 따라 거닐어 본다
뽀드득 뽀드득
발자국 소리에 내 마음도 씻으며

멀리 저 멀리
이 세상 끝까지 갈 것만 같은
멀어져 가는 눈 위의 발자국처럼
그리운 추억들을 뒤로하면서

머리카락 위 쌓인 눈송이 털며
손가락으로 살며시 눈 위를 그려 본다
그리움 그리움이라고.

순도 높은 사랑

순도가 높은 사랑일수록
실현되기는 어렵다
헤어지면 어쩌나 하는
불안에 시달리는 모순된 걱정 속
괴로워하다 그것이 씨앗이 되어
사랑을 잊은 청춘이 얼마였더냐

잃은 사랑을 찾고 위로받아보려
관습의 누더기를 벗어 던지고
남루하지만 자아를 찾아
저항해 보지만 돌아오는 건
가난한 청춘의 무기력일 뿐

환각의 바닥에서 탈출하려
소리치며 뛰쳐나와 보지만
변한 것은 아무것도 없다

젊은 자존심을 지키기 위해
위로로 현실에 적응해 봤지만
냉소와 겨울의 추위에 내몰린
벌거벗은 나무처럼 외롭기만 하네

겨울이 지나 봄이 오면
찬란한 꽃을 피울 수 있는 생각에
오늘도 부서진 망각의 질서에다
꿈을 꾸어보는 순간이기도 하다.

비움은 채움

한잎 두잎 나뭇잎이
낮은 땅으로
자꾸만 자꾸만 내려앉누나

가진 것이 없다 보니
세상에 줄 것은 낙엽밖에 없는 듯
한잎 두잎 나눠줘 비우니
앙상한 가지만 남아 버렸네

모두 내려놓고 비운 덕분에
추운 겨울도 무사히 지나고
따뜻한 봄을 맞이했다네

비움은 채움이라 했든가
봄 되니 새싹으로 채워지누나
그대여 비워라
비우면 채워지리라.

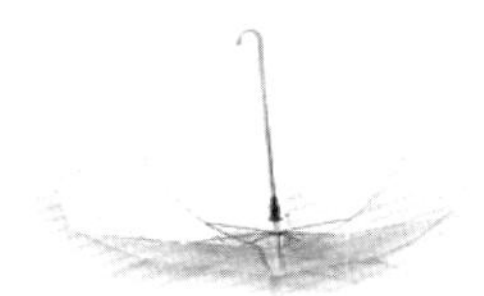

없음의 힘

바다가 좁아
허리를 못 펴고
크지도 못한다는 새우처럼

이 걱정 저 걱정에
잠 못 이루는
요즈음의 내 인생

남에게는 비워라, 비워라
강조의 말 하면서도
진작 나는 못 비우는
어리석고 바보 같은 자신

없음에 무서운 힘이 숨어 있는
진리의 의미를 언제나 깨우칠지
부끄럽기 한량없어
고개가 숙여지는 구나.

님과 남

님을 가슴속 깊이 간직한 채
그리움에 기다리다 지쳐
갈대처럼 흔들리려나 봐

바람아 갈대를 흔들지 말아다오
흔들림은 사랑의 쓰라림인 걸
이제야 알았네

갈수록 그리움과
외로움은 더해 가는데
님이시여 약속한 님이시여

눈빛 한 번만 이라도 보내 주시구려
결국 님께서 점하나 날려 보내
남으로 만드시렵니까.

물

물은 참 신기한 것
창 밖에 내리는 빗물을 보고 있나니
마음이 가라앉는 느낌이었지

형태가 없어 손으로 잡을 수 없고
스르르 흘러 버리기도 하고
어느새 눈으로 볼 수 없이
공기 속으로 증발해 버리기도 하지

물은 사람의 감정변화에 가깝고
들끓는 분노는 폭풍우에
잔잔한 마음은 호수에 비유한다지

네모난 것에 담으면 네모로
원형에 담으면 원형으로
높은 곳에서 낮은 곳으로
막히면 물러서 돌아간다네

이루지 못한 채 사라지면 물거품
거품을 뺀 물이 낮은 곳으로
모든 것 물처럼 적응하며
낮고 낮은 자세로 살아가라 하네.

3부

마음의 명상

마음의 명상

인간의 고통은
자신이 누군지 모름에 오고
마음의 명상은
지금 이 순간 나를 아는 것

당신의 마음과 친밀감을 가져
치유의 내적 수양이 개발되고
고통의 원인은 육체적 보다
자신과 마음의 괴로움이
고통의 근원임을 알게 되지

암이 내생을 망친다는 느낌보다
내 몸의 한 부분이란 마음으로
같이 살아가겠다고 생각하면
암은 악화되지 않고 순해지리라

우리에게 필요한 것은
치료가 아니라 치유이니
자신이 누구며 지혜를 어떻게 하면
더 큰 행복을 느끼며 살아갈지
이 작은 깨달음이 삶의 질을 높이고
당신의 생각을 바꿔놓을 것이라네.

마음의 거울

어른이 애기를 키운다지만
애기가 어른을 가르치고
그 가르침 속에
진정한 철들은 어른을 만드니
애기는 어른의 거울이다

애기를 키워봄으로 어른이 되고
자기도 그렇게 크게 됐음을 알게 되어
부모님의 은공을 조금 알게 되니
철들은 어른이 되었음이 아니겠느냐

먼 미래 나를 보려면
부모님의 얼굴을 보라 했다
자신 역시 거울 보면 마찬가지 같고
자식 또한 나를 닮겠지
사랑이란 내리사랑이라 했던가

모습이란 바꿀 수 없겠지만
마음이라도 착하고 향기롭게 바꾸어
대물림 해줘야겠다는 생각에
오늘도 거울 앞에서 다짐해보고
또 다짐해보는 순간이기도 하다.

느림의 위안

속도로 중독된 사회에서
자동차는 쏜살같이 밤거리를 비추며
혼란하게 도로 위를 끝없이 질주하고
거리의 신호등 건물의 불빛들이
도시를 어지럽게 채운다

사람의 온기란 찾을 수 없고
그 속에서 삶의 의미를 찾지 못해
쓸쓸하게 방황하는 사람들
그 시끄러운 방황 속에서도
중심을 잃지 않는 위안 길은 없는가

오르막을 오르다 힘들면
반대로 보면 내리막이라 했다
인생을 반대로 빠름을 느림으로
당신은 느림의 위안을 아는가

느릿느릿하게 꾸준히 살다 보면
느림 속에 삶이 유추類推할 뿐이라지만
여유로움에 인간미가 물씬 느껴진다

느릿한 행동이 상처받은 내면을 담아
나도 모르게 마음이 따뜻해져
그 느림 속엔 거북처럼 더 빠름이 있다

도시의 외로운 사람들은
나의 외로움과 닮아있음에 위로받고
속도의 어지러움을 담담히 물리치는
느림의 훈훈한 위안이 여기에 있다.

삶의 상상력

삶에 대한 통증과
의욕상실로 무기력해져
통제 할 수 없는 압박 속에
고독의 파도가 몰아친다

늘 허전한 마음 한구석
불만과 모순투성이로
꼬리를 길게 틀고 있다

현실에 지친 현대인들이
누구나 좋아하는 인기몰이는
상상력에 바탕을 둔
환상적인 시어詩語들이고

환상은 허황한 것만은 아니며
인생에 쓰라림을 견디게 해주고
환상 속 나래는 현실로 닦아 가는
가능성이 있기 때문 아닐까.

숲 속의 치유

지금 뭘 해
고민이 많다고
잠시 복잡한 현실에 벗어나
고요하고 깨끗한 자연에서
아주 느리게 숲 속을 걸어봐

향기로운 공기와 지혜로운 대화로
근심과 걱정을 가볍게 만들어
지친 몸과 마음을 달래보지 않으련

찬란하게 생명력 넘치는 자연의 속살
강렬하게 몸과 마음을 치유하는 숲
나무가 품어내는 맑은 공기
바람에 흔들리는 나뭇잎소리
시달린 몸과 마음을 달래 주는 곳

푹 쉬고 싶을 때 자연의 숲 속에서
머릿속을 상쾌하게 만들어
명상으로 치유의 숲을 걸으며
즐거운 시간을 여유 있게 찾아봐

병원에 누워있을 어리석음 보담
자신을 돌아보고 삼림욕을 즐기며
자연의 숲에서 치유하지 않으련.

신비 속 대자연

만물이 붉고
누른빛으로 물든 계절의 만추
양편의 나무들은 하늘을 가린다

높고 상큼함이 조화를 이루고
그토록 수줍은 듯하면서도
근엄하고 풍만함 속의 자연

하늘에서 내려앉은 듯한
때 묻지 않고 무성히 자란
빽빽한 나무속의 대자연

흐뭇해지는 선량한 아침
붉게 떠오르는 태양과
별이 쏟아지는 저녁을 맞으며
세월은 멈춘 듯 평화롭고
여유로워짐을 경험해 본다

그 신비로운 자연의 기운을
한껏 마셔 음미해보면서
때 묻지 않은 자연
숨쉬기조차 아까운 순간들이다.

신비로운 마음의 꿈

꽃은 일일이 신경 쓰지 않는다
바람이 세게 불어오는지
비가 몇 번이나 왔는지
햇볕이 얼마나 내려쪼이는지
자연 앞에 맡겨 스스로 핀다

우리 상처도 곪은 것 터트렸다면
안 하는 것이 하는 것이다
새살이 돋을 때까지
마음은 다른 곳으로 돌리고
자연 치유의 힘을 믿고 기다리자

자아의 손으로 자꾸 건드려
얼마나 상처를 덧내고자 하는가
자연 치유에 맡기지 못하고
기다림에 고통스러워
아는 척 스스로를 괴롭히는가

우리도 꽃처럼 마음을 비우면
내면에 잠재된 치유력이 생겨
시간이 굳은 감정을 희석시키고
그 선택은 자신에 달려 있으니
우리 가슴에도 신비의 꽃이 피리라.

위험한 추적 시대

누가 당신의 지갑을 노리는가
쉿! 그들이 당신을 지켜보고 있다
다른 사람이 아닌 바로 당신을
지금 이 순간에도 다 알고 있다

휴대폰이 당신 위치를 추적하고
카드가 당신 소비를 기록하여
어디 살고 얼마 벌고 뭘 잘 먹는지
무엇을 언제 구입했는지도

금융위기로 살기 힘든 서민들
조금 전 구입한 세일의 물건이
내 취향에 맞는 필요한 물건인지
소비자를 착각하게 한다

인간의 본능은
집단을 따라 하기 마련
세일이란 낚싯바늘이
그대 옆에 움츠려 서성거린다

경비원을 밟고 매장에 들어간
그들이 필요한 물건을 샀을까
이젠 달리 볼 때가 아닐까
각성하며 생각해보는 순간이다.

인간과 짐승

짐승보다 못한 놈
사람은 짐승보다 못할 때가 많지
짐승은 배부르면 잡아먹지 않지만
인간은 배불러도 곡간에 꽉 채우려
평생을 욕심 사슬에 헤매 인다

이성과 지성은 인간만의 기본
그 대가로 역동성과 야성을 잃었다
이성과 지성이 철학의 근원이 될까
이론만 남은 인생철학에
동물의 원시적 생명력을 불어넣어
참 철학을 끊임없이 탐구해보자

강자가 약자를 삼키는 냉혹 속에도
자기만큼 큰 공격적 개체와 싸우고
두발 들고 항복하면 공격하지 않는
극도의 잔인성에 반대 되는 성향
야생이 지닌 순수성이 정의롭다

속이고 속는 거짓말도 못하고
포식자와 피식자의 관계에도
배부르면 공격치 않는 순수성
어찌 인간이 그들보다 우월하다 하리오.

자애 명상

남을 위해 무엇을 하였든가
남들에게 사랑을 주면
내 마음이 먼저 행복해지고
주는 자는 곧 받는 자가 되고
내 안의 사랑이 자랄 진데
왜 이다지 자신에게 인식했을까

자기 마음 안에 사랑이 없으면
남에게도 사랑을 보낼 수 없고
받을 수도 없는 것이니
자애 명상과 내면의 사랑을 키워
건강과 행복을 기원하는
명상의 시간을 가져봄은 어떨까

나 자신은 사랑을 줄 수 있음에도
물에서도 목말라 울부짖는 모습이
바로 내가 아닐까 부끄러워진다
앞으로 많은 명상의 시간을 가져
보다 향기롭고 여유롭게 태어나
모두에게 사랑하려고 다짐해본다.

자연 속 인생

애들아
마침내 너희 스스로가
거대한 자연 일부임을 깨닫는 순간
더 높고 멀리 큰 힘을 갖게 될 거야

애들아
세상은 꿈꾸는 만큼 아름답단다
따뜻하게 희망을 주고 싶은 마음
이 마음 사랑으로 연결되려면
자연을 아는 사람이 돼야 하는 거야

애들아
너희의 하루하루가 즐겁고
행복과 기쁨으로 충만해지는
자연 속 삶으로 찾아가 보지 않으련.

지혜의 바보

한해의 끝자락에서
쌀벌레처럼 우글거리는 환승역
이 모든 사람에게도
저마다의 번민은 있겠지

정답 없는 인생철학에 붙잡혀
산다는 것에 대해 더 쉽고
자기 성찰에 휘둘리기도 한다

보통 사람보다는
조금은 모자란 듯 보여서
항시 손해만 보는 어리석음
지혜의 아름다운 바보가 되어 보자

어리석음인가 지혜인가
모자람의 아름다운 바보
자연 최고의 가르침이다

똑똑한 사람보다
상대를 편안하게 해주는
모자람에 사람이 따르듯이
지혜의 바보가 되고 싶은 심정이다.

책의 존재이유

책 읽기란 쉽지 않다
우리는 책을 읽기 위해
인생을 사는 것이 아니고
멋있는 삶을 위해 책을 읽는다

바쁜 일과 속 펵이나 어렵다
그 속엔 무한한 지식과
그 무엇과도 바꿀 수 없는
살아가는 지혜가 숨어 있다

한 권의 책은 한 권의 기쁨을
종일 읽는다면 종일의 발전을
행복함을 자신 것으로 만드는
정보를 담아 소복이 얻을 수 있다

하지만 책만 펼치면 잠이 온다
글 쓸 땐 잠이 없지만
읽을 때는 잠이 온다

지치고 힘든 사람에게도
고민에 잠 못 이루는 사람에게도
책은 정말 필요한가 봐
읽다 보면 자연스레 잠이 오니까.

행운 잡이

행운과 불행이 날줄과 씨줄처럼
연결되어 있는 것이 삶
그물을 멀리 넓게 펴보라
행운이 걸릴 가능성이 높으니

인내와 끈기는 자신의 몫
열심히 노력하면 되고
가능성은 모두 시도해보면
어느 도전 중 행운이 걸릴 수 있지

마치 어부가 고기 떼를 잡기 위해
높은 곳에서 멀리 보고
가능한 넓게 그물을 펴는 것처럼

저 멀리 세계의 흐름을 보고
긍정적인 생각에 희망을 품고
행운이 안착할 마음을 가져봐
그대 옆에 오래 머물러 있을 것이니.

친구

슬플 때 울어주는 친구와
기쁠 때 같이 웃고 뛰는 친구
어느 친구가 더 좋을까

슬픈 것을 보면
모르는 사람도 눈물을 흘린다
사람은 울며 태어났기 때문일까

기쁜 순간에는
남들은 기뻐하지 않는다
누구에게나 잠재되어있는
악의 가능성 때문일까

진정한 친구란 기쁠 때 같이 웃고
내 기쁨처럼 기뻐해 뛰어주는
그런 친구가 더 좋다

삭막한 세상에
그런 친구 몇이나 될꼬
진정한 사랑이란 주는 것
스스로 나눔으로 행복을 얻어보자.

추억의 설레임

어릴 적 뒷동산 동심의 친구들
검은 제복의 중고 때 학우들
푸른 제복의 목숨 건 전우들

학창시절 퍽 좋아했던 그 소녀
꿈 많은 청춘 하늘같은 야망
석류송이 같이 알알이 박힌
젊음의 아름다운 추억들

세월의 추억으로 사라져 버리는
바쁜 일정의 시대에서
옛 추억의 사색에 젖어 보기란
그리 쉬운 일이 아니다

그래도 어떨 때는 짬을 내어
젊음의 그 시절만 떠올리면
나는 아직도 추억의 설레 임으로
가슴이 두근거려 간질거린다.

찰나刹那의 선택

짧은 찰나의 결정이
소중한 시간임을 새삼 느낀다
불행과 행복도 지상과 영원도
짧은 찰나에서 바뀌는 것

하루는 큰 토막의 시간
일 할 때나 잠잘 때나
그 사이를 넘는 순간들이
운명을 좌우하는 중요한 찰나

짧은 찰나의 순간이
그날의 큰 단위를 결정하고
잠을 깨어난 순간도 그 시간
일하려는 순간도 찰나의 결정

큰 단위의 시간에서
다른 단위의 시간에 건너뛸 때
찰나의 결정에 따라
모든 운명은 바뀌는 것

당신의 하루 중 행복과 불행을
선택할 순간이 얼마나 많은지
당신의 선택에 행복을 이뤄
짜릿하게 맛보지 않으렵니까.

똑똑한 바보들

청춘들이여
공부 못하는 것이 죄인가
어차피 누군가 꼴등을 해야 하니까
그 대신 춤추고 노는 것은 잘하잖아

풀뿌리 민주는 이슬 먹고 자란다며
문화도 뭘 먹어야 제대로 나오지
관중을 많이 끌고 다니고
노래와 춤추는 것도 문화 아닌가

공부 못하면 왜 그렇게 구박했는지
고기도 어항에 살고 못사는 게 있지
자연산을 어항에 못 산다 구박하지 말라
미세한 멸치도
저 넓은 바다 휘젓고 다니는데

겁 없이 똑똑한 바보들의 반란
누가 뭐라던 자기가 하고 싶은 일에
몰입하여 미친 듯이 발광하라
그것이 문화이고 우리의 힘이니라.

산과 물

산에는 산신령이 살고
물에는 물귀신이 있다
참 재미있는 존재들이다

물속에서는
사람이 살지 못하고
막으면 폭포가 생긴다

쓰나미는 쓸어버리는
파괴와 죽음뿐이니
물귀신이라 하는 건가

산에는 사람이 살 수 있고
수양과 도를 닦을 수 있으니
산신령이라 하는 것일까.

유속流速과 세월

빨리 걸으면 시간은 천천히 간다
기다림의 세월은 더디기 마련
제대 말년 장병의 하루는 일 년 같다

어린 시절 소풍날은
손꼽아 기다려도 천천히 온다
기다림 있는 세월은 더디기 마련
생활 속도를 올리는 것도 한 방법

천천히 흐르는 강물 옆에서
유속보다 느리게 걸으면
강물은 빠르게 느껴지고
그보다 빨리 걸으면
느리게 흐르는 것처럼 보인다

하루는 길어도 일 년은 빨리 온다
생명은 우리 몸에 있는 게 아니라
우주의 주어진 시간에 있다

나이 들어 시간을 느리게 하려면
약속과 기다림을 자주 만들고
생활 속의 속도를 올려 보란다.

태양과 그늘

삶이란 처절하기도 하고
또 그렇게 아름답기도 하다
마치 자연의 순리처럼

지금 꽃이 피는 건
겨울부터 준비된 것
낙엽은 떨어져도 가지에 눈은 남겨
새로운 생명을 잉태시키듯

저마다 해를 보며 뻗어있고
그것은 끊임없는 생존의 본능
그늘에서는 못 자라는 법
내가 태양을 바라보는 동안
그 뒤에도 그늘이 생기며

봄은 신생의 그 기운이 있고
단풍은 마지막 불을 태우며
찬바람과 서리를 내리는데
욕심과 허영을 버리고
생과 죽음의 주기를 보라

숲에서 자연의 인생을 배우고
우리네 삶도 희망을 바라보자
내 뒤의 그늘진 남을 생각하며
먼 내일을 내가 준비하자.

물밑의 고수

자고로 고수는
물밑에서
움직인다 하더라

나와는 하등에 관계없는
현실에 물러나
한 발을 빼고 보면

그렇게 된 일은
그렇게 될 일이니
나를 바꿈에 한 발짝 더

자신의 실체가
얼음처럼 냉정하면
진실이 보이는 법

인생은 모순덩어리
눈물 나게 아프고도
달콤한 것이라네.

남녀의 사랑

남녀들의 사랑
무슨 이야기가 필요 있을까

시간 속에서
빛과 소리를 잃어버릴 정도로
소멸에 가까운 침묵과
고요만이 흐를 뿐이다

낙엽이 떨어진다
무조건 어디론가 떠나가라
서로가 고요한 그 침묵 속에서
촉촉한 눈빛으로 젖어들어 보라

남녀에 대한 욕망은
부글부글 끓어오르는데
허기와 갈증은 해소되지 않고

자신의 욕망에
정직해지기로 결심하라
모든 것은 스스로 만드는 것
말하고 소리를 지르는 성기를 지닌
그런 여자가 되어 보고도 싶은 심정이어라.

작음과 가난함

가난함과 작음
끝없이 작음 그리고 연약함
참 좋은 것들이네
강하고 큰 것보다
작고 연약함에 순수함이 숨어있다

큰 것보다 작은 것을 강조하는 사람
얼마나 통이 큰 인생이냐
강한 것은 꺾어지지만
연약한 것은 흔들릴망정
꺾어지지는 않는다

작은 조각배
조그마한 초가삼간
작은 꽃 뒤에는 큰 꽃도 보이고
가난함 속에는 인간미가 흐른다

온 세상 작은 것으로
뒤덮였으면 어떨까
나도 그렇게 시냇가에
작은 돌멩이로 살았으면 좋겠다.

결혼

너를 보는 것은 나의 취미
그리워하는 것도 나의 행복
만족하게 해주는 것도 나의 의무

너를 보호하는 것은 나의 일
복종하는 것도 나의 보람
행복하게 해주는 것도 나의 삶

너를 사랑하는 것도 나의 운명
두 사람 합쳐져 결혼
두 마음 합쳐져 가정

두 몸이 한 몸 되어
아들딸 한 둥지에 오손도손
즐겁고 행복하게 살아가세나.

건강 나이

어디론가
훌쩍 떠나 버리고 싶은 심정

자신감 상실로 사회생활 기피
우울증까지 연결되어
엉거주춤한 당신
몸과 마음을 편안히 가져
자신감 넘치게 극복하라

건강엔 문제없는지 점검해보고
세월은 되돌리지 못하지만
건강 나이는
되돌릴 수 있다는 것을 명심하라

그대의 나이는 잊어버리고
건강의 나이는 몇인지
지금 바로 체크해보고
생활 속에 항시 기억하도록 하라.

싸우는 개

뭇 개들이
사이좋게 지낼 때는
꼬리를 흔들며
잘도 어울려 다니지

누가 뼈다귀를 던져 주었나
한 마리가 쫓아오자
우르르 달려들어
으르렁 거리며 서로 싸우네

큰놈은 넘어지고
작은놈은 다쳐 소란스럽네
뼈다귀가 없었다면
싸우지 않았을 것을

사람들은 귀하게 여겨
이런 일이 없다지만
이권 앞엔 똑같은 것
어찌 이런 다툼이 없다 하리오.

옛날 습관

가파른 현실 속에
추억을 회상하면서
옛날처럼 중국집을 찾아본다

자장면을 먹으면서
가난했던 어린 시절 생각하며
나를 타이르고 꾸짖어본다

저 멀리 인류가 탄생했을 때
우리는 야생이었다
지금 우리는 문명에 길들어져
본연의 모습은 한 군데도 없다

인생이란 머물면 안되고
끊임없이 변해야 한다지만
현대문명 속 가파른 세상아
제발 좀 나를 놓아다오

지금 중국집으로 가서
자장면을 시켜놓고
옛날을 돌이켜 생각하며
나를 타이르고 꾸짖어야만 겠다.

비

여름날이면
빗방울을 감미하면서
우산도 없이 하염없이 걸었고

비를 맞는 듯한
축축한 문장들을 건지기 위해
그저 비 맞음의 감각을 즐긴다

머리카락을 타고
흘러내리는 빗물과
얼굴 위 빗방울의 간지러움이여

비의 촉촉함을 음미하면서
몸속의 때 묻은 현실을
승화시켜주는 즐거움이여

비가 내리는 허공 속으로
고독을 멀리 아주 멀리
영원히 날려 보내고 싶은 마음이어라.

전쟁

세계 속 하나뿐인 전시국가
동족끼리 국경을 앞에 두고
전시의 일상에서 불안과 위험
지금 어떤 대안을 모색하고 있는가

총부리를 맞대는 냉전 속에서
전쟁이 일어나도 자기 예외주위와
대책 없는 낙관론이 결합해
특별하게 면역을 지닌 위험한 사회

천안함과 연평도가 피격되어도
고장 난 화포로 반격 제때 못해보고
그 속에서 남의 일 이냥 흥청거리고
우리만큼 대책 없는 사회는 없다

전쟁의 위험이 겁나지 않고
전시 자체가 정상으로 여겨지는
전쟁을 경험 못한 세대들이여
아 정말 통탄하고 싶다 육이오여

나는 경험했다
전쟁의 참혹함과 그 많은 시체들
이젠 피난 없이 서로 불바다 되는 것을
심각히 되돌아보는 시간이기도 하다.

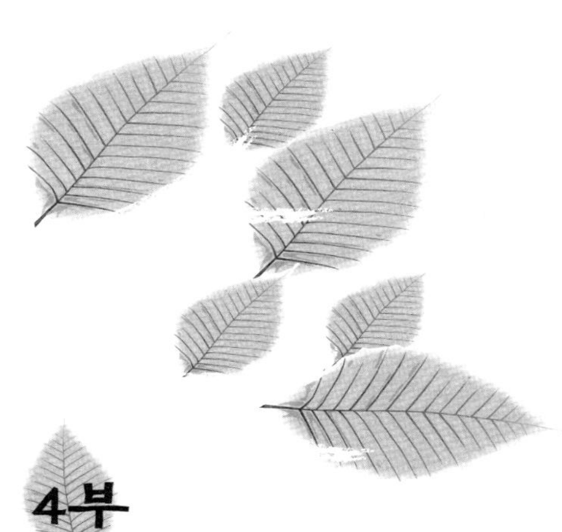

4부
쓸쓸한 독백

쓸쓸한 독백

나는 고독하다
우울하고 불안하고
외롭고 쓸쓸하다
고로 나는 살아간다

이 넓은 우주와 은하계
자연과 수많은 사람 속에도
오직 나 혼자뿐이라는
철저한 고독과 외로움

고독에 목말라 길을 떠날 때
지금 이곳을 떠나는 순간
고독과 외로움은
더욱 슬픔이고 눈물이었네

또한 슬픔과 눈물은
행복과 기쁨을 내포하는
사실의 깨달음을
얻는 순간이기도 하다

떠나고 싶을 때
어디론가 멀리 떠나보지만
이내 곧 고독과 외로움에 못 이겨
다시 돌아오는 깨달음이 있다.

만추晩秋

낙엽이 떨어진 만추의 숲
황량하다 못해 처량하고
잎을 모두 벗은 나무들
잘 발라낸 생선뼈처럼
앙상한 가지만 드러내네

추운 겨울날
알몸으로 서 있는 나무들
처연한 독백이고
외로운 몸부림이다

카펫처럼 푹신하게 깔린
오솔길의 낙엽을 밟으며
발바닥의 바삭거림은
낙엽이 부서지는 울음소리

주위가 고요하고 적막한 숲 속
나무를 흔드는 바람의 심술
알몸으로 소리 없이 부딪치는
독백의 노래를 들어보는 순간이어라.

공동묘지

사는 것이 힘들고
혼자 지치고 어렵다고 생각되면
재래시장이나 병원을 찾아보라

우여곡절 속 부지런히 살아가는
병마와 아픈 고통 안고서도
신음 속 끈기로 치유하는 사람들
그 들을 보노라면
어느새 기운을 차리게 되리라

가까운 공동묘지를 걸어보라
우리도 언젠가 죽음을 맞이할
우울한 마음과 비관의 절망 속에
피할 수 없는 죽음에 대한 두려움

이내 곧 무덤 앞에서
모든 마음을 비우게 되고
인생의 우선순위를 다시 정하고
긍정적인 마음의 배려가 깊어져
욕심은 사라지고 새로운 각오로
악惡한 자는 없고 선善한 자만 있을 뿐이다.

노인의 힘

힘 있고 큰소리치는 사람도
늙으면 힘이 없게 마련
주위의 기억에서 멀어져가니
노인을 위한 나라는 없다

비록 몸은 약하고 힘은 없지만
노인이 평생 쌓은 지혜와 경험은
그 누구도 당할 자가 없나니

노인 한 분이 사라지면
도서관 하나 없어진 것과 같은 것
우리는 노인들의 숨은 지혜와
경험의 노련미도 본받아야 한다

지혜로운 국민을 많이 배출하려면
도서관을 많이 지어야 하듯
노인을 존경하며 위로로 보호하자

오늘의 젊음도 내일은 늙음이 될 터
세계 속 노성老誠으로 발돋움 하는
일등국민 나라로 우리 다 같이
만들어 나아가보자.

어제와 오늘

어제는 지나가고 없는데
오늘과 내일은 있네

기쁨도 있고
슬픔도 있네

내일의 행복은 있는데
영원한 불행은 없다네.

생태 시계

아침이면 해가 뜨고
점심이면 높이 뜨고
저녁이면 밤이 되고

아침 되면 일어나고
때가 되면 먹게 되고
밤이 되면 잠이 오고

계절도 봄여름 순으로
생물과 동물들은
자연에 적응해 살아왔고
꽃들도 계절 따라 피우고

우리 몸도 시계 같은 게 있어
시간에 따른 생체리듬을 조정해
먹고 자고 싶은 것도
생태의 비밀을 통해 알 수 있고

생태 시계는 사람마다 같지 않으니
억지로 기준에 맞추려 하지 말고
각자에 맞춰 생활하는 것이 좋은 그래.

시속의 신비

속절없이 달아나 버리는
시간을 붙잡는 건 신비가 아닐까
그 신비 속에는
시詩들이 자리하고 있다

과거 현재 미래를
소멸하고 탄생시킬 수도 있고
그 시간의 그물 안에서
인간은 욕망과 상실을 구토하며
땀과 눈물의 피를 토한다

눈에 보이는 힘으로
상대를 제압하려 하지 말고
티끌 같은 시속에
온 우주 담겼으니
눈에 보이지 않는 시詩귀로
사람 마음 움직여야 영원한 것이라네.

솜털 같은 기억

가을이면 만발滿發하던
아름다운 향기의 국화꽃
겨울이 오면 사라지고
마지막 남는 건 이름 하나뿐

아무리 오래가려고 발버둥쳐도
아름다운 이름 속
향기로운 우리들의 기억
오래 남는 건 기억뿐인가

실체는 보이지 않고
기억만 살아남아 얼렁거리네
영원이란 없다고 했든가
기억 속 영원은 살아있는 것

내가 원하는 좋은 추억들
현실에선 불가능한 기억들
솜털같이 영원히 기억하여
행복한 나날을 살려보면 어떨까.

시는 욕심꾸러기

시는 모든 것의 시작이자 끝
나를 이끌어주는 강력한 힘
시로 마음을 치유해보자
한 번도 상처받지 않은 것처럼

힘겨운 터널을 지나는 이들에게
따뜻한 희망을 안겨 주는 시
그런 시를 담고 싶은 욕심꾸러기
지금 아는 걸 그때도 알았다면
어쩜, 인간은 항상 배우며 사는 것

시속에서 나의 틀을 깨고
변형시켜온 진실의 모습에
후회 없이 사는 본연의 자세로
돌아올 수 있음은 기쁨의 순간
시속의 나는 정말 행복합니다

소심과 대범함 사이에 오가는
나는 늘, 거기서 용감한 겁쟁이
시속 세계에 하고 싶은 불꽃의 욕망이
오늘도 나를 욕심쟁이로 가득 채운다.

방황

시詩
너는 어디서 왔니
끝없이 떠돌다간
슬픔의 눈물인가

나는 한참 동안
시의 언저리에서 방황했다
현존하는 나는
나를 깨어 버리고 싶다

나는 나로 살아왔을까
내가 나라고 생각하는
틀을 뒤집어엎고 깨부수고
아 나는 없어지고 싶다

하나의 자아 안에서
수많은 나를 숨긴 채
거짓과 위선으로
살아가는 모습을 바라보며

가슴이 쓰리고
속이 역겹고 답답하여
미칠 것만 같구나
훌쩍 저 멀리 나 홀로 떠나고 싶다.

감동

시속의 진한감동
다가오는 자릿한 느낌
금방 왔다 사라지는 느낌이 아닌
오래 머무는 진지한 감동입네다

내 마음을 새롭고 부드럽게
내 인생을 맑고 행복하게
우리네 가슴속 젖어 나오는
감동의 향기가 머물러 있습네다

그 무엇과도 바꿀 수 없는
시속의 짜릿, 달콤한 향기
오랫동안 함께 할 수 있는
시의 세계는 매력의 극치
소중한 당신이기에
오늘도 시와 함께하고 싶습네다.

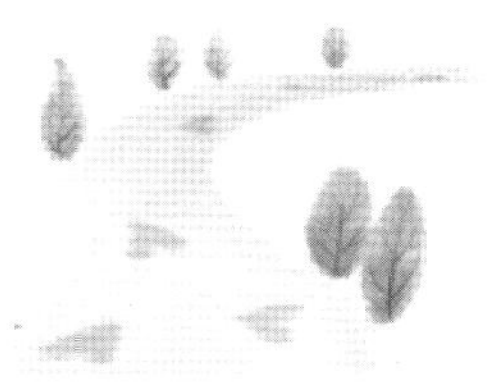

시속의 함축

경쟁이 치열한 요즘 세상
자기 자신에 소홀하지 않으며
시와 같이 살아 보려고
자신의 삶을 노력해 보자
시를 쓰는 것은 어렵게 생각지만
선견부터 없애면 그렇지 않아

시적 영감은 아무 때나
찾아오는 것이 아니기에
생각날 때는 수첩을 준비하여
시상을 적어 골라 쓰면 되고
놓치면 일반인이고 쓰면 시인이지

시 속의 함축은 찌꺼기를 걷어내
핵심에 집중의 창의성을 길러주며
그 속 우리의 삶도 녹아 있는 것
바쁜 와중에 환상의 나래를 펴
멀리 여행 다녀온 기분을 주는 것도
짧은 시 한 편에 얻을 수 있는 기쁨

많은 사람이 모이는 지하역
점심시간 친구들 모임에도
시 한 수 낭송하기를 희망하며
시속의 바람 한 점과 샘물 한 모금
시원한 그늘이 기다리고 있을 테니까.

유혹

시詩란 시詩귀의 베일 뒤에서
보일 듯 말듯 숨어있는
매혹적인 숨바꼭질이랄까

시인은 자신의 세계와 대결할 뿐
한 점 부끄럼 없이
금지된 문을 활짝 열어
자신의 언어세계를 노출하는 것

시는 예술의 유혹
독자와 숨바꼭질로 애태우고
어떤 시는 가면의 옷을 활짝 벗고
맨살을 드러내며
정면 승부를 도전하기도 하지

어떤 선택을 할지 문제만 던질 뿐
답은 주지 않고
종이에 글을 채우는 것이 아니라
내 안에 고인 것을 비워내는 것

글을 쓰는 일은
정답이 없으니 문학의 인생예술
박력의 시끄러움과 침묵의 조용함
그 순간 중심 잃은 갈지之 자를 그린다

수행修行

시는 모든 사람에게 수행
끊임없이 솟구치는 화두話頭 같은 것
누구와도 잘 어울리는 바람 같은 시
우울한 듯 슬픔이 묻어나는 시

본연의 색을 유지하면서
위로와 모든 사람을
감싸 안은 듯 치유 적이고
마음의 지침서 같은 시를 쓰고 싶다

내가 시인인 걸 모르면 어때
시의 세계로 들어온 너와 나
시를 즐기며 동심의 세계로
다 같이 오래된 친구 되어
더불어 사는 세상 되는 것을

어떤 시를 썼든
처음부터 적과 원수 어디 있느냐
누가 듣고 보아도 편안하고
좋아할 수만 있으면 되겠고
내 스스로 만족하면 되지 뭐.

시의 사색

무작정
쓰려고만 하지 말고
"동기부여" 부터 찍어라
감성의 눈빛이 달라진다

읽고 쓰고 생각하고
낭송하며 시 속으로 들어가
사색思索을 깊이하면
감수성이 자란다

감수성이 쌓이면
척 기억해내는
창의성이 활발해져
진짜 아는 것이 되는 것이야.

물처럼 순리대로

앞못봐 길 잃고 헤매는 당신
슬픔과 아픔 원망과 미련
몸부림쳐도 벗어날 수 없는
악순환의 연속이다

늘 알 수 없는 응어리가
가슴을 무겁게 짓누르고
모든 것들이 겹겹이 쌓여
답을 못 얻는 것이 너무도 많구나

미래에 대한 고민
아직도 일어나지 않는 일들을
미리 앞당겨 앓고 있을 뿐
너 상처만 크고 아픈 걸로 생각하지 말라

세상사 모든 것을 뒤로하고
빈 몸으로 자연 속을 걸어보라
비우면 그때야 보이는 것이 많고
내 안의 번잡함과 번뇌를 보게 되니

나는 존재하는 것
그 자체가 아름답고
모든 것을 내려놓음에 빛나는 것
자연과 물처럼 순리로 살아보라네.

화 내지마

화내지 마
화날 때는

거울 앞에서
네 모습을 먼저 봐

화난 네 모습을
네가 먼저 보게 되면

찡 그러진 네 모습에
화는 수그러질 거야.

희망의 시

당신의 운명을 바꿀 수 있는 시
희망을 갖고 이루는 시의 세계
꿈 없는 방황의 부정적 방식에서
성취하는 인생으로 변모되는 것

기적이라 하지만 성공은 노력이고
시속의 세계가 자신을 바꾸고
자기 계획서가 아닌 실화로
꿈을 이루는 현실의 사람이 되는 것

자기 경험으로 마음 다스림은
많은 시간이 소요되지만
시속의 축적된 진리는 금방 터득되고
시 한수 낭송하면 책 한 권 읽는 것

시는 시인의 평생지식이 표현된 것
시 한 수로 삶의 지혜를 전수받아봐
우리 다 같이 버릴 것 하나 없는
시 속에 들어가 인생을 바꿔보지 않으련.

현혹眩惑

여름엔 안보이던
산속의 바위가

낙엽 떨어진
겨울이 되니

섬뜩하게 제 모습의
본색을 드러내 네

기실其實 산도 물도 바위도
변한 것은 없는데

네 눈이 가리어
현혹된 것일 뿐.

시의 깨달음

시를 쓰면서 깨달았다
우리는 시를 못 쓰는 것이 아니고
쓸 생각을 하지 않았고
느낌과 감수성이 없는 것이 아니고
감성을 느낄 생각을 하지 않고
쓸 기회를 갖지 않았다는 것을

시를 쓰면서 생각이 깊어졌다
지금껏 껍데기로 살았다는 느낌과
넓이 보다는 깊이라는 것을
삶에 찌들고 고통스러운 사람들에게
용기와 소리 없는 수신음을 보내고
미쳐 못 깨우침을 깨닫게 하고

그 무엇보다 더 귀한 세상의 원리와
마음의 안위를 주는 짜릿한 시
자신에 대한 치유와 위로로
스스로 만족함에 있다

당신도 지금부터 시를 써보시고
거대한 호수에 빨대를 꽂고
세상의 지혜와 지식을 빨아올리는
짜릿한 즐거움을 맛보시면서
잃어버린 당신을 찾지 않으렵니까.

불량소년

불량소년은 없다
똑똑하지만 반항기 따분한
불안전한 사고방식이 있을 뿐

대책은 뻔한 것
애들 말을 조용히 경청하고
말하는 중 끼거나 끊지 말라

어디서 뭘 하는지 말하게 하고
그걸 아는 게 부모임을 주지시키고
약속을 어길 때 결과를 말하고
공부와 노력하지 않는 아이가 있다면
그전에 꿈을 먼저 물어보라

내일에 그 꿈을 이루려면
지금은 노력이 필요한 사실을
스스로 뉘우치고 깨닫게 하라

일은 시키고 가르치는 것이 아니고
일의 의미와 노력과 인내를 키우고
내적인 동기를 자극시켜 건드릴 때
진정한 소통은 시작될 것이고
불량소년은 변모하는 것이야.

노화방지

거짓말 거짓말이야
늙는 이유 모르고 노화 방지한다고
노화란 나쁜 전제 속의 출발인 걸
낡음으로 늙음인데 나쁜 것인가

오래 살아 뭐하냐 하지만
남의 말 할 때나 하는 이야기
자기는 더 오래 살고 싶은 걸
누구나 늙은것은 두려우니까

노화는 생존적응의 과정
당연히 받아들여 적응할 때
자연스러운 삶을 살 수 있는 거지

장수비결은 단순하여 늦음은 없다
나이 탓 세월 탓 후회 말고
건강지켜 베푸는 사람 되고
무슨 일이든 일상화하라

태어난 가까운 곳 농작물 먹는
살던 곳에 장수하는 향거鄕居장수
제대로 늙어가 잘 늙어보자.

시의 치유

그대는 들어 보았는가
침묵을 녹음하고
시와 달이 내는 소리를
시는 잠자는 영혼을 깨우는
부드러운 영원한 감성의 바람
내 곁을 떠나지 않게 보듬어보자

자연과 사물도 마찬가지
모든 것은 내 몸속으로 들어와
나와 함께 한 몸 되고
다시 소생되어
기쁨과 슬픔의 색깔로 바뀌어
동행하여 나가는 것이니

들어보라
시들의 속사임 속에
상처를 보듬어주는
치유의 울림소리를
외로움은 외로움을 치유하고
슬픔은 슬픔을 치유한다지만
지혜가 녹아있는 시속의 치유만할까.

나이

먹어보기 전에는
절대로 알 수 없는 나이
몇 살이든 나는 여전히 나일뿐인데
나 말고는 그렇게 생각지 않는다

내가 있지 않고
나이 든 늙은이만 있다고
나이 듦의 쓸쓸함에
늘 두려움이 도사리고 있다

눈치도 보지 않고
누구의 간섭도 없이
내가 정한 목표를 향해
자유로움의 의미로
꾸준히 움직일 뿐이다

많은 것을 겪은 노년기야말로
더 유연하고 편안해 질 수 있음을
마음먹기에 따라
간병인이 먹여주는 죽까지도
최선을 다해 먹고 있노라고.

길흉화복

이기려는 자는 지게 마련이고
지는 것이 훗날엔 이기는 것
건강을 과신하는 자는
병에 잘 걸린단다

좋은 일과 나쁜 일
화를 입는 일과 복을 받는 일
모든 것
본인의 행동에 달려있다

원수는 물에 새기고
상처는 모래에 쓰고
은혜는 돌에 새겨라
모든 길흉화복은 자신이 만드는 것

내 승리는
남의 패배를 밟고 얻은 것이니
뒤돌아보며 침묵하고 고개 숙이는
내성의 시간이 필요하리라.

글 읽기와 펜

당신의
하루 일과 중
글 읽고 펜을 잡아보는
시간은 얼마나 되나요

혹시나 당신도
신문에 오늘의 운세와
카드에 사인 할 때 뿐인지
생각해 보셨나요.

지식인

우리는 많이 배워 세련될수록
더 냉정해지고 차가워져
남의 아픔은 대수롭지 않고
지혜가 존재의 감옥이 되어

지식의 함정에 빠져
마음의 온정을 상실하고
스스로를 사랑하고
사랑받는 능력이 소멸되어

아무도 들어 올 수 없는
자신만의 정원에 고립된 채
벽을 쌓아 단절하며 살고 있다

우리는 이론보다는
바른 실행이 중요하고
남에게 괴로움을 안기지 않도록
노력해야 한다는 것이지

이웃과는 고립된
담장 속 자기감옥에서 벗어나
하루빨리 높은 벽을 허물고
온정을 나누며 서로가 사랑하는
그런 세상 살아가지 않으렵니까.

회한悔恨

삶이 끝날 무렵이면
회한에 빠져들게 된다고 한다
남들이 기대하는 인생이 아닌
나 자신 솔직하게 살지 못했다는 것
꿈을 별로 이루지 못함에 한탄한다

자기감정을 억누르며 속앓이 했고
남을 의식 하느라 표현치 못했다
경제의 쳇바퀴에 나를 소비한 것
자신의 행복을 찾지 못한 안타까움
그렇게 힘들게 살 필요가 있었을까

낡은 습관에 갇혀 변화의 두려움에
자신조차 만족하는 척했고
익숙함과 편안함에 빠져
행복을 얻지 못해 아쉬워했다

인생은 겪어야 느끼는 교훈들 속에
행복도 선택인 것을 뒤늦게 알았고
시간은 위대한 스승이니
그대는 지금이라도 마음을 바꿔
남은 삶을 회한 없이 살아가시길.

지출과 절제

당신은 지금 지출과 절제
현실의 만족을 쫓는 소비형인가
아니면 내일을 대비한 저축형인가

미래의 행복보다 현재의 쾌락에
만족을 두는 건 인간의 본능
노후 걱정엔 먼 것 같은 젊음

그 속에 한몫 한 건
자식을 과잉보호하는 헬기 부모들
자녀의 절제력을 잠재워 버렸다

소비냐 저축이냐 양 칼날 위에서
복지가 절대의 화두가 되어
미래보다 현실 쪽으로 기울고 있다

성장 대신 복지의 좌판에 걸려
미래를 위한 검약과 절제를
무시한 결과가 어떤 것인지

유럽의 신호음은 멀지만 강력한데
그대여 들리는가
몸부림치는 그들의 생존 소리를.

자존심

애들아
연탄재라고 아무렇게나 굴리지 마라
비록 연탄재지만 구르는 만치 흔적 남는 법
남을 손가락질 하지 마라

한 개의 손가락만 상대를 향하고
나머지 손가락은 모두 자기를 향하거늘
상대의 얼굴에 숯검정을 칠하려면
너 손에 먼저 숯검정을 묻혀야 하거늘

너희 발끝에 묻은 재는 어떻게 하려느냐
그들도 흑색의 젊은 시절 활활 타오를 때
무쇠를 비롯한 모든 만물을 녹였거늘
지금은 늙고 병들어 아무 쓸모 없이

이리 뒹굴고 저리 뒹굴고
아 유수 같은 세월이여 무상한 세상이여
그 누가 가는 세월 잡을 수가 있을소냐
가는 인생 허무한 마음 무엇으로 달래리

애들아
가는 세월 무엇으로 막으랴
너희도 금방 그렇게 된다는 사실을.

반대를 위한 반대

진보는 미래를 제시 못 하고
보수는 권위 위에 갇혀있도다
반공체제 아래 암울했던 그 시절
권위주의와 독재 반공체제 아래
자유 민주는 유보해왔던 우리들

거리 데모는 학점 못 딴 도피처로
어차피 학점 못 따 제적될 바엔
길거리 뛰어나와 열심히 데모해
애국자인양 잡혀서 갔다 와야
퇴학 되어 졸업 못한 구실되고

민주투쟁사 라는 금관도 쓰고
일석이조로 큰소리치고
애국자인양 죽을 판 설쳐대고
마로니에 음침한 학사주점
삐걱거리는 마루의 학림다방
담배에 젖은 검은색 군대 야전복

세상 고민과 정치를 다 짊어진
서울대 앞 서성이던 퇴학생들이여
데모로 타도 외쳐 불태울 때
꿈 키운 젊음은 도서관에 밤새웠고
한국을 일으킨 건 데모대가 아닌
꿈을 닦은 도서관의 젊음들인데

반세기 전 수법 지금도 써보겠다고
그놈의 위장전술 폐기도 안 되는지
퇴학이 애국인양 금배지 바꾸려고
반대를 위한 반대를 하는 건 아닌지
옛날처럼 또 덤비는 지금의 당신
꼼 씹어 되돌아볼 시점이 아닐까

국민의 눈은 산업화 민주화를 넘어
더 높은 곳을 향하여 가고 있고
오랫동안 우리 사회를
갈등과 분열로 몰아넣은
현대사 전쟁을 끝내라는 것인데
반세기 전 불러온 노래나 부른다면
국민의 외면을 당할 수밖에
옛날의 추억에서 빨리 해방되시길.

2013 & 바닥에서 비상하라

인　쇄: 초판인쇄 2013년 01월 30일

인　쇄: 초판발행 2013년 01월 31일

지은이: 곽병수

펴낸이: 윤기영

편　집: 정설연

펴낸곳: 도서출판 노트북

등　록: 제 305-2012-000048호

본　사: 서울시 동대문구 장안동 314-3번지 나동 101호

전　화: 070-8887-8233 팩시밀리 : 02-844-5756

이메일: hdpoem55@hanmail.net

정 가 : 10.000원정

ISBN : 978-89-92687-36-2-03810